I0437652

Cazando al Jabalí

Y OTRAS OBRAS

Rudy Calderón

authorHOUSE®

AuthorHouse™
1663 Liberty Drive, Suite 200
Bloomington, IN 47403
www.authorhouse.com
Phone: 1-800-839-8640

Publicado por primera vez por AuthorHouse 4/28/2009

ISBN: 978-1-4389-6898-8 (sc)

Library of Congress Control Number: 2009902878

Impreso en los Estados Unidos De América
Bloomington, IN

Este libro se imprime en papel libre de ácidos.

Contents

"No me pongan en lo oscuro
A morir como un traidor,
Yo soy bueno y como bueno
Moriré de cara al sol"

~José Martí

Introducción

Es con gran humildad que entrego este nuevo volumen de poesía a ti, el lector. Escribí la mayoría de este libro en Cancún, Quintana Roo en mi lindo México querido. Viajé hacia Cancún para finales del año 2008 y me alejé a principios del año nuevo.

Como profesor de inglés en los EE.UU., tomé la oportunidad de estar en el país de mis antepasados para bailar con el idioma de mi naturaleza. Este libro tiene poemas que me encantaron escribir. Por ejemplo, "Cazando al Jabalí" es un poema inspirado por un diente de jabalí que había comprado y cargaba sobre mi pescuezo. Como una de las noches en Cancún estaba lloviendo, llegué a un McDonald's. Pedí mi orden y al sentar a comer, ahí nació "Cazando al Jabalí".

Para mí, me encantó visitar de nuevo los poemas de rima que tenía tiempo que no los cortejaba por dedicarme al verso libre. Pero, bueno, es un lindo poema que me dejó a la improvisación poética y rienda suelta se le fue brindado a mi imaginación que pareció en ese momento no tener fin.

La mayoría de los poemas son escritos en el español, mas hay unos que me salieron en inglés y aquí se encuentran también. Una buena parte de este poemario contiene poemas abstractos que pueden tener dificultad para el lector. Me disculpo por antemano, así me salieron. Cuando los poemas salieron, la musa, Dios, o la creatividad, como más uno lo quiera entender impregnó mis escrituras con una plétora de sensibilidad y las convenciones poéticas se aliaron y tuvieron buena victoria.

Cazando al Jabalí

Caminando vengo cazando
al malvado jabalí;
me dicen que ha cobrado muertes,
revistas proclaman así

En los montes, me refugio en
los arroyos confiando sólo en mí;
la luna me despierta por la noche
susurrando, "¡Ay ta', yo lo vi!"

No he dormido en tantas noches,
pesadillas negras que yo mismo molí;
se oyen llantos y velorios, tristes cuentos
de los que han tenido que sucumbir

Pobres campesinos cayendo por el
cerdo salvaje, yo mismo leí;
el viento trae mensajes penumbras
que viene buscándome a mí

Por las noches se aparecen visiones
contando que "¡yo he de morir!"
Por los días, mi mente publica
y reclama que "¡yo ya vencí!"

Una noche de diciembre
después de tres años en sí,
la lluvia brotaba y se concedió
el momento por cual vení

La trompeta del destino tres
palabras sonó, "huir o combatir".
De repente el sarnoso apareció y anunció,
"Despierta maldito, ¡que vine por ti!"

Con los pies en la tierra, le grité,
"¡Adelante, que yo no me muevo de aquí!"
Sus ojos se pintaron rojos,
y a mi machete acudí,

El bosque gritó,
"¡Andáis que la historia se está por escribir!"
Saltó veloz, rugiendo y
yo el paso le abrí

Quedó atorado en la red
de un astuto barril;
mi almacén de pertenencias,
tamaño preciso el cuál escogí

Luchaba y luchaba, "¡ánimo coño!"
sus pujos y esfuerzos se oían decir;
mis manos se soldaron en el puño del machete
dado por mi abuelo en su último abril

Años atrás, el abuelo murió por
dientes de un semejante jabalí;
me ajusté y cuando ya salía
vi su enorme y robusto perfil

El filo, con fuerza bajó

y su cabeza ya no logró salir;
con cuchillo pudiente le saqué el corazón
y ahí mismo, con los dioses, me lo comí

Su rostro difunto, se disculpaba
o, bueno, por lo menos así lo entendí;
le arranqué un diente antes
de nuestro eterno despedir,

Lo cargo hoy en el pescuezo,
la parte precisa donde yo lo jodí.

Con el corazón

Caminaba por el malecón y se me ocurrió
parar para admirar a los zapotes en el panorama.
De pronto, me empezó a platicar un loquito
sentado al borde de una glorieta.

"Si Tío yo tengo el dinero," se oía decir. Me
miraba en su platicar. Me dictaba, "Tiene que
tomarle foto; ande tío tome la foto pa' la fiesta,"
apuntando hacia la estatua del pescador en la
glorieta de Isla Mujeres.

Lo miré y él continuó, "Yo sé que chuy espera
pago Tío. Mañana se lo daré." Seguía y seguía
en su soliloquio. Calló y me miró, cosa
que pareció durar una eternidad. Sus ojos
parecían querer decir una tremenda verdad
pero por cualquier razón no le salía.
La única comunicación humana que
me salió fue, "Sí…yo sé."

Playa del Carmen

Aquí he llagado, Carmen, para
ver si estarás y si te dejarás ver;
a veces el rostro de la hembra está en la
vanidad y se tiene que suavizar, ya sé.

Tus entradas estrechas me complacen tal
como la caminada al encontrarse con Dios
para hacer cuentas. ¿Qué cuentas daré yo, caray?

He tropezado mucho; en todas partes he caído.
Ya me he ido más allá de donde empecé,
la geografía me lo enseña.
Así es el poeta, muy desenfocado.

Pero, por eso, es que llegará más cerca
a la Diana; lo hará hasta que por completo
baje su cortina.

La Cómica Dualidad

"Out beyond ideas of right doing and wrong doing,
there is a field; I'll meet you there."

-Rumi

Sol y luna,
derecho e izquierdo,
rojo y azul,
amor y odio,
bien y mal,
negro y blanco,
yo y tú,
fecundo y escaso,
específico y general,
chocolate y vainilla,
tristeza y alegría,
pierna y brazo,
correcto e incorrecto,
profesor y alumno,
monte y llanura,
realista y soñador,
ruido y el nada,
negativo y positivo,
libre y reo,
vivir y morir,

…mas todo es en vano porque la mente construye
todo y ella, en su elemento más básico,
es el nada "¡Qué comedia!"

Tierno momento

Tus aguas caribeñas
levantan mi afán. Eres moza alegre
que me llama para gozar de tus olas cachondonas.
Tú das una vista hacia la isla prohibida quien pide
sentir la canción eterna.

Tus arenas me sostienen, aguas turquesas y
bolígrafo enverbado, dos sustantivos muy
pudientes y disponibles
a la humanidad.

Con bolígrafo prestado

Con bolígrafo prestado, instrumento para
forjar obras que bailan y hacen guerra
con el tiempo, empiezo; esta pluma fue
pasada por ser humano hacia otro ser
humano… en realidad somos uno.

El aire del quien pasó este medio de
comunicación también está dentro de mí.
Las respuestas están en las leyes de física.
Todos, en este mundo, estamos dentro de cada
uno en todos momentos. Este es el gran misterio
de la vida. Cada respiro manda y recibe
millones de átomos.

Me río de los sabios porque ellos mismos
están en la red del tiempo; nadie escapará.
El sabio vive en el segundo piso,
mirando a las hormigas sin saber que él es tal
y como ellas. Al fin, sobre él, estará tierra
y oscuridad por siempre y siempre, amén.

Una anochecer como muchas

"¡Voy a salir, lo quiera o no! ¡Me enfado aquí!
¡Usted es malo y demasiado estricto, lo odio!"
me gritó mi hija en su rebeldía. Las ojeras y
canas cubrían a este padre viudo.

Mi propia sangre las había apresurado.
"Hija entiende, habrá mucho tiempo
para divertirte," le contesté con ojos sensibles.

Siguió con su rabia, y yo me dirigí hacia
mi anochecer. Esta fue una noche como
muchas que estaban por venir.

Dios es los buenos pensamientos

Dios *es* los buenos pensamientos.
El Diablo, los pensamientos malos.
Es más- Dios es el cielo, las nubes blancas
o negras por igual. Los cosmos son la
representación de Dios. Las postulaciones
están por doquier. Todos alegan
sus verdades, cada uno siempre
objetivos en su pensar.

…La mente hace que todo suceda.
Toda la vida, es esclavitud.
Somos esclavizados al aire,
las filosofias, la espiritualidad, y
a nuestro ser humano. Nuestros cuerpos
y mentes, marionetas del Dios supremo
que es… El Tiempo.

Aire vacío

El tiempo viaja en cámara lenta.
Todo es en vano; todo es aire vacío.
Marchamos en un círculo para terminar en
donde empezamos; todo fue sólo para
no ser ociosos en la sala de espera y hacer
preguntas mediocres a las enfermeras quienes
no saben, ni les interesa saber. Nunca traen
las respuestas del doctor; sólo dicen que
en poco tiempo, saldrá.

Esperando La Huesuda

Por la aurora, me encontré a un mexicano
anciano sentado en una banca donde se
esperan los camiones. Me senté y
di los buenos días.

Me preguntó poco después,
"¿Cuál camión espera joven?"
Le contesté, "El que va pa' la zona hotelera,
y usted ¿cuál espera?" "No espero camión,
espero a mi prometida," me aseguró.

Le contesté, "Qué suave que a su edad,
tiene su pretendiente." Me aclaró,
"Joven, me dieron un mes más pa' vivir,
pero un mes es demasiado para esperar,"
me dijo con ojos húmedos y rostro
mirando al suelo.
No tuve respuesta al enterarme de la prometida
que él esperaba. Llegó mi camión y me fui.

Cuando pasé de regreso por la tarde lluviosa,
miré fuera de mi ventanilla borrosa hacia
el lugar donde me encontré al anciano. Pa'
mi sorpresa, todavía estaba sentado a solas.

Codiciando la aurora

Codiciando la aurora a las tres de la mañana,
los segundos pasan como siglos. Como una
depresión económica pide estimulación, yo
le susurro al alba para traer luz a esta
alma quien lucha contra la
oscuridad.

Mi espinazo dorsal recibe todo;
es cable pudiente, mas el voltaje
ha dejado su huella sin
tener compasión.

El pensar es realidad

Uno cree lo que una llegará a ser.
El pensamiento dirige al verbo en todas
ocasiones; la percepción *es* realidad;
Somos átomos de nada, que hacemos algo.
En el pensar, se manifiesta la realidad
sin que sea realidad todavía.
El pensar dicta todo.

La mañana sin rostro

Me levanté esta mañana a
batallar contra el tiempo.
Me bombardeaban las cóleras de
mis antepasados en cada célula de mí.
Miré hacia el autopista…
y sólo pude seguir; ese es el verbo
más sobresaliente cuando no se
quiere aceptar la verdad.

Seguí caminando hacia el nada

Salí a caminar por las orillas del mar caribe.
Miré hacia el oriente. Sobre sus aguas
vi nubes llenas de los rostros del ayer,
almas dedicadas a la sensibilidad y al dolor.
Miré hacia el poniente, donde procedía la
lluvia golpeadora.

Seguí caminando hacia el nada.
No he parado de caminar, mas volteo pa' tras
de vez en cuando y todavía
puedo ver mi empiezo.

A lonely poet

Quiet within society,
unknowable by the everyday passersby,
a poet that is more alert within his own thoughts
who are the best and worst of listeners;
they sit and observe without pretentions
or other-reasoning.

A lonely poet. A poet of one, that is
all that is required.
My words are words for eternal streams.
The trees of vices hovering
overhead try to hide the many
great possibilities. These words
are doves, the air, and soundless music -
improvisations and stammerings
inspired by the moment.
My words narrow-in on their goal…
the dance with nature.
The African drum beats in rhythms of three,
the threesome of the soul's cries,
passions, and pains.

Rudy Calderón

Cierro los ojos y todo es verdad

Cierro los ojos y veo tremendas verdades.
Las siento al perderme en los círculos
concéntricos. Cuando llego al epicentro,
veo que todo es en vano. La verdad está ahí.
El cerrar de ojos, trae el oráculo que susurra ríos
y cascadas de verdades fecundas y tropicales
donde los cisnes, papagayos, y pavo reales
cantan implacablemente sobre la laguna
de la humanidad. Mesando están el sol
y la luna y enlazadas las
estrellas y el universo.

Rudy Calderón

Cada día, caminando

Cada día, camino.
Camino, cada día.
Voy saludando a la tierra
que me trae a lo primitivo
y siempre me recuerda
de mi destino.

Cada día, camino.
Camino, cada día.
Cuando oigo esos aves,
y las aguas de Isla Mujeres,
me detengo por tan sólo un minuto
pa' que mis sentidos regresen
y estimulen esas memorias.

¿Ya pa' qué?

¿Ya pa' qué?
¿Ya pa' qué?
El ritmo se va terminando,
cuando más uno quiere bailar
con el crepúsculo. La Huesuda
está pidiendo su eterno baile.
La veo mirándome y enviándome
mensajes con sus ojos azul marinos.
En su epicentro, veo la negra y
durmiente realidad.
Este baile se va acabando
y La flaca, La Catrina,
¡sí esa Huesuda!
ahí está sonando sus tacones rojos
con sus medias negras y vestido y
pelo largo y suelto.

Ese vestuario logra sucumbir
a todo corazón gitano;
La tomo por la mano y ella empieza a hechizarme.
Poco a poco, me voy enredando en la red para
el descanso eterno.

Yo te sigo

Tú me mandas, y yo obedezco.
La realidad, mis raíces están al revés.
Me aventaron al suelo, y me
adapto de alguna forma.
Aquí estoy para contártelo.
Te sigo, sin hacer preguntas
porque soy el aire necio.

En el mar Caribe

En el mar caribe, bailo.
Los tiburones sacan sus satélites
para actualizar sus medios
de comunicación.

Todo es OM

Abrí los ojos y sólo vi el aire.
No noté los problemas del verbo.
Pero bueno, ¿se tiene que hacer
el alborote por algo no?

Si no se piensa en OM,
todo es problemático por reglas
instituidas por el espacio. Si todo
es OM, le contestaré al reportero
eso mismo.

Presión

Rápido pongo los zapatos, cachucha,
chaqueta y también toda cosa
electrónica en la bandeja…
"¡Vamos, rápido!" me gritan.
Con gran presión sigo
las instrucciones, aun si se me
hacen demasiado absurdas.
Pero, bueno, así es el vivir…
Los de poder, toman
ventaja de la multitud
en el aeropuerto.
El fascismo pulsa
con vigor, en el país
que por tantos años
tuvo hegemonía.

I feel tired

One thirty in the morning,
and I feel tired; my body aches.
My head finally feels the pressure
imploding from all sides. Or am I just
sensible to the fact now?

I throw myself onto the concrete and sleep
and sleep, as the passerby looks at me in gross
pity; I dream of the heavens while he
laments me and dies within his
own consciousness.

Ojos yucatecos

Ojos ampliados y horizontales,
desarrollan su cosmovisión.
Pero se han quedado atrás,
al seguir el comercio.

Ojos marrones

Marrones y picosos
como la ada de michel.
Atendiendo y luchando los ojos,
cataratas en su creer.

Café y estrechas
esas rutas, sabor a miel;
Mi alma quiere hacer nieve;
por eso, busca la hiel.

Combatiendo la vergüenza

Salí a bailar con una muchacha
que se encontró en disposición.
De su silla, caminamos a la plataforma
del disco. Empezó una nueva canción con
sonido del saxofón al ritmo de Coltrane
y letras de Agustín Lara.

Me dio la frente
y le envié una sonrisa.
Hice mi intención, patética, de
bailar, moviendo los pies
de lado a lado.

Me dijo, "abrázame".
Hice el movimiento hacia ella y puse
mis manos alrededor de su cintura angélica. Ellas
sintieron una electricidad
pudiente. Su sonrisa venció
mi muro de defensa, muro más difícil de
quebrar como el átomo más necio.

Cerré los ojos. Ella puso su mejilla
sobre mi corazón. Sentí su cabellera
contra mis manos en
cada ola rítmica.

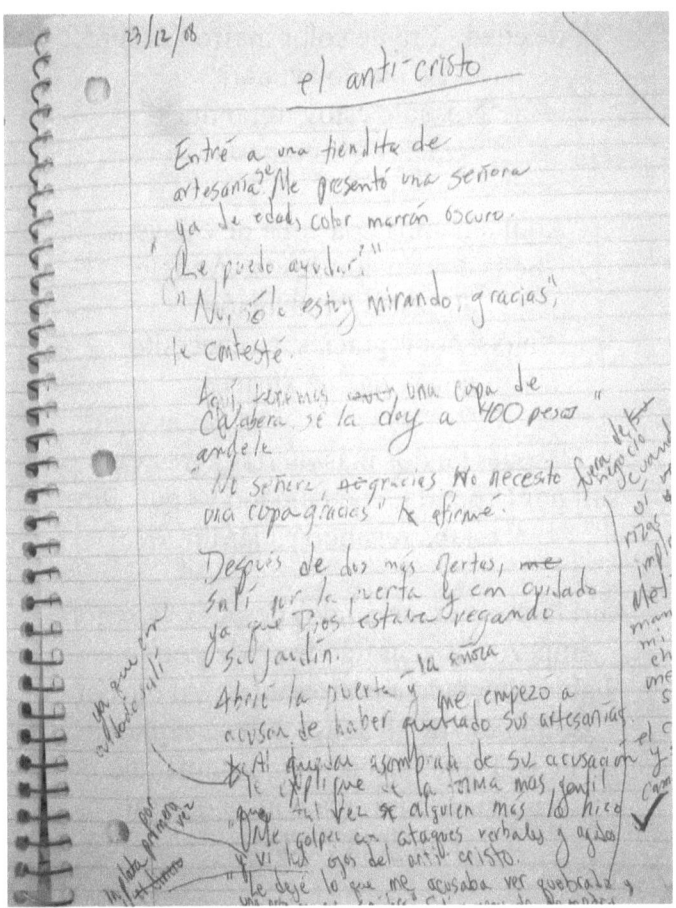

23/12/08

el anti-cristo

Entré a una tiendita de
artesanía. Me presentó una señora
ya de edad, color marrón oscuro.
"¿Le puedo ayudar?"
"No, sólo estoy mirando, gracias",
le contesté.

"Aquí tenemos una copa de
Calavera, se la doy a 400 pesos"
añade.
"No señora, gracias No necesito
una copa gracias" le afirmé.

Después de dos más ofertas, me
salí por la puerta y con cuidado
ya que Dios estaba regando
el jardín.

Abrí la puerta y me empezó a
acusar de haber quebrado sus artesanías.
Al quedar asombrado de su acusación y
le explique de la forma más gentil
que tal vez se alguien más lo hico
Me golpeó con ataques verbales y agios
vi los ojos del anti-cristo.
Le deje lo que me acusaba ver quebrada y

El anti-Cristo

Entré a una tienda de
artesanía. Se me presentó una señora
ya de edad. Era de color marrón oscuro.
"¿Le puedo ayudar?"
"No, sólo estoy mirando,
gracias," le contesté.

"Aquí tenemos una copa de calavera,
Se la doy en 400 pesos. Ándele
llévesela," me dictó.
"No señora, gracias. No necesito
una copa," le afirmé.

Después de dos más ofertas agresivas,
salí por la puerta, con cuidado ya que Dios
estaba regando su jardín.

Abrí la puerta y, segundos después, la señora
empezó sus acusaciones. Me gritó que
había quebrado sus artesanías. Al quedar
asombrado de su acusación, le expliqué
de la forma más gentil que tenía que
ver alguna equivocación ya que salí
con gran cuidado.

Me golpeó con más ataques verbales
y por primera vez, vi los ojos del anti-Cristo
en carne propia. Le dejé la plata necesaria
para cubrir lo que me acusaba de haber quebrado.

Es más, le dejé una propina por su cólera… y salí.

Estaba menos de dos metros fuera del negocio,
cuando oí rizas implacables descender de
esa tienda. Metí las manos en mi chaqueta,
me subí el collar para marginar el frío y
seguí caminando sobre los charcos
dejados por la lluvia.

Calles y calles

Calles y calles de chapapote…
Buscando el mar entre
jugosos nopales es la clave esencial
para notificarnos que la jornada
va mal, y un cambio de
navegación es vital y
requerido.

Isla de mujeres

Hoy llegué a la isla de
de mujeres y, dios e que
~~me recordó~~ que vendió
todo y invitaba a todos a
conocer cada rumbo y esqina
que ella cachondeaba ser

Hoy comí pulpo y camarón
Cosa prohibida por adventistas

mas cada quien se deja imponer
~~de~~ dogmas de los creativos
en torno. Ellos esclavizan
a los débiles de la mente, y
en torno. Ellos están esclavizados de su omni potencia

Hoy conocí al mayor por su
preparación, al bordar el barco
entendí que han sufrido mucho
y que el camarón y yo
~~tras~~ tenemos cerca que
repartir al respeto

Isla Mujeres

Hoy llegué a la isla
de mujeres, diosa que
vende todo e invita a todos a
conocer cada rumbo y esquina
que ella cachondea ser.

Hoy comí pulpo y camarón,
cosa prohibida por unos.
Mas cada quien se deja imponer
de dogmas de los creativos
en su pensar. Ellos esclavizan
a los débiles de la mente y,
en torno, ellos quedan
esclavizados.

Hoy conocí al maya por su precaución.
Al bordar el barco, entendí que han sufrido
mucho, que el comercio y yo
tenemos culpa que repartir
al respeto.

Deseo y tiburón

Cancún, ciudad de excesos como muchas.
Lo que buscáis, lo encontrarais.
El centro de todo es hedonismo y glotonea.
Taxistas son deseo y tiburón que
se mueven al ritmo
de las aromas quienes
hablan sin hablar.

La perspectiva

La ciudad cambiará pero las
nubes seguirán siendo las mismas.
Sus sombras se transfiguran
mas un gato por tan pequeño,
grande, o gordo que sea
sigue siendo gato. ¿Me explico?
La persona más cosmopolita
mirará hacia el cielo para poner
todo en perspectiva.

La pesadumbre

Siete pilares apuntando hacia el oriente,
queriendo subir a platicar con Dios.
El caminante andante sube sus
escalones y salta por su plataforma
para caer en las aguas del ayer.
Las palmas le dan la despedida, sus hojas
moviendo la corriente para favorecer
la lucha que le queda por delante.

Cayado me quedé

Mi mujer me gritó por no encontrar
el salero. "No lo he tocado," le aseguré. Pero
no le importó mi contestación.
Ella siguió, "¡Y tú, tú siempre indiferente
a mis problemas!"

"Vamos al mercado y te compraré
tres o cuatro saleros pa' remediar estos dilemas."
"¡No, yo quiero mi salero, tiene que estar
aquí, te digo! ¡Tú no me entiendes!"

Cayado me quedé sentado en la sala mirando
hacia fuera, mientras seguía mi esposa
despejando su enojo.

Mystical states

Swimming in a peninsula…
Getting past cultural, parochial
natures and embracing the "I am".

I settle toward mystical states and
become invisible,
if given
enough
time.

Isla del querer

Carmen, muchacha exquisita.
Inocentes preguntas, me hacen tus ojos.
Tu alma quiere vivir. Tú moras en el centro
del viento y en el correr para amar
y andar. Tu pelo *es*
isla del querer.

Demasiado vagabundo

Soy demasiado vagabundo, lo sé.
Pero bueno, el mundo es un sendero y
¿tenemos pies, no? Viajaré hasta volar
por los cielos, Dios permitiendo. He cultivado.
Veremos los frutos cuando llegue el
tiempo de la cosecha. Dios ya lo sabe de
antemano, pero es como
el que ya vio la película y no quiere
eliminar la experiencia primaria a otros.
Mis mejores viajes han sido,
con ojos cerrados.

Niña espléndida y Alegre

Te detengo entre mis brazos,
niña espléndida. Tú eres la aurora
de muchas mañanas. Mi niña, cuando
crezcas, harás llorar a los mozos.
Rara la vez que tu tío se equivoca sobre
las leyes del amor. Continúa. Sé alegre
en toda célula que eres tú.

Escenas elementales

La rumorosa emplea mis pensamientos
celestiales, en cada temblor.

Mis sentidos corren
pa' defenderse del sol.
Corro hacia la luna
quien es demasiada
enamoradora y me
entiende.

Querida

Querida, nombre celestial y mucho más
Si Dios concede, te dejará ser mía
Tu voz, es melodía de melón sazón
Tu riza, armoniza los segundos de mis días

Querida, letras cualquieras para mingano
Pero cada una detiene mil razones para existir
Querida, la reina del amor y yo su único siervo
A la misma montaña nuestras almas quieren subir

Querida, hoy me disculpa Agustín Lara porque
yo alabo a Veracruz más al verte dado el vivir
Al principio de un nuevo año, escuché con el alma
Y mi corazón quedó dulcemente lleno de ti

Cansada, agotada mi pluma

Cansada… agotada mi pluma.
Explotada se siente, por todas
las historias con que me ha acompañado.
Ha sido demasiada fiel y firme en mi triste
jornada, pero ya no quiere seguir. "¿Cuándo
terminarán nuestros tristes caminos
juntos?" me implora.

Le escribo con ojos húmedos,
"¿Y quién más me ayudará?"

Sinewance of a romantic soul

I can't remember when I
use to look, search, and pine
to lock eyes eternally.

It seems like too long ago.

The task must, first, be finished
before returning. Still, I have a
sinewance and flashbacks that
come to me here and there
and
from
time
to
time.

Tristemente en mi soñar

Lloré, lloré tristemente en mi soñar.
Me despedí con todas amistades fecundas.
Mis pecados me hacían pagar,
las rosas marchitas en el palmar.

Lloré, lloré lágrimas con arpa de sangre.
A los queridos, les besé la mano de paz.
Momentos tormentosos; más negros los
recuerdos que despeja el arroyo
de mi selva primordial.

Lloré, lloré mas el alba me salvó de me ocaso
carmesí. El sentimiento negro de la noche
eliminó cualquier abrigo blanco hecho a
mano por ejércitos de querubines;
mi negro e indiferente sombrío
aniquiló al ejército celestial
sin tener compasión.

Compañera necia

Miro sólo a mi tristeza.
La malvada no quiere
dejar de bailar.

Miro a la felicidad quien me mira con ansias
de bailar bajo las luces del amor.
Mas, mi compañera es necia y dice
que muere antes de
soltar la rienda.

Bailo eterno

Yo bailo contigo
tú bailas conmigo…
tu movimiento levanta suspiros

Tu miras mis ojos
Yo miro los tuyos…
Corazón se hace ñudos.

Este baile es baile eterno…
Mi soledad, ya no tengo

Yo te defiendo de todo el mundo…
Con este amor, sé que triunfo

Tu palma en la mía, mi palma en la tuya…
Del amor ya no corro a la fuga

El Camino Jr. High

As I walk through these great halls...
I can't help but feel real tall

Blue and white just like the sky...
I will learn and reach real high

CHORUS
El Camino Jr. High, El Camino Jr. High
El Camino Jr. High, El Camino Jr. High

Teachers want to make you grow...
Teachers want your mind's to grow

Students are the golden ones...
Finding truth just like the sun

CHORUS
El Camino Jr. High, El Camino Jr. High
El Camino Jr. High, El Camino Jr. High

Your fine bell rings in my heart...
Its tune says to reach real far

I want you to believe in me...
I got many dreams to breathe

A mighty Titan that is me...
Just you watch what I will be

CHORUS
El Camino Jr. High, El Camino Jr. High
El Camino Jr. High, El Camino Jr. High

Hither and Tether

Hither… comes great falls,
Trip or stab,
Or better yet
Vomit subjective
Proclivities
Into my bowl

Tether… my heart stained love
And dedication to you,
My undertaker
Little do you know
That I would for thee
Even as you
sacrifice
Me.

"Un Día Cotidiano"

Me levanté por la aurora. Al ducharme sentí los ojos pesados de los golpes de mi vida subconsciente. Me arreglé y salí donde me esperaba mi perrito, Juan Carlos. Noté, al mirar debajo de sus pies, que se dedicó la noche anterior a liquidar uno de los dos pares de zapatos que uso cotidianamente para el trabajo. Me salió un medio lamento y me dirigí a mi coche.

Por el día, estoy empleado en un negocio de arquitectura ya que estudié dicha materia al salir de la preparatoria. A los veintiocho años de edad, se nota mi edad más de lo que es ya que he tenido que mantener dos trabajos para pagar deudas que me dejó mi hermano mayor, Francisco.

Francisco murió en un accidente. Sucedió cuando él le daba un ráete a un amigo de la preparatoria. La jornada era hacia Fresno, CA. El amigo estaba en el arroyo de arreglar los papeles de ciudadanía, y le pidió a mi hermano un ráete hacia el valle de San Joaquín. Y bueno, un camión conducido por un hombre que no había dormido por varios días le pegó cuando menos lo esperaba. Me gusta pensar que murió feliz ya que no tuvo que preparar su ocaso e inmediatamente avanzó al nombre de cadáver y al cielo, si uno lo quiere entender de esa forma.

Como decía, esa mañana salí de mi tráele marginado. Mi jacal se encuentra entré un conjunto de tráeles. Esas viviendas son para los que son identificados económicamente como deficientes por la sociedad. Llegué a un McDonald's antes de las siete y ordené la misma orden que siempre ordeno. Parece ser que la misma persona siempre me tomaba la orden. Siempre se me hizo raro que ya tenía cuatro años que venía aquí, y siempre sucedía lo mismo. Ella me decía el precio y yo le daba el dinero. Después, ella me entregaba la orden y yo le daba las "gracias". Me alejaba y me despedía con un "gracias" que salió de forma rutinario e insignificante.

Bueno, en este día, el sol estaba a un ángulo de cuarenta y cinco grados, y los coches bufaban para llegar a su lugar de esclavitud. Siempre se me hacía cómico ver tanta prisa para el sufrir. Pero, bueno, lo que es, es y es nada más y nada menos. O por menos así lo entiendo ahora.

Llegué a mi empleo y siete nuevos planes estaban amontonados en mi escritorio. La secretaria los había puesta ahí para empezar cuando terminara los cuatro actuales, los cuales tenía dos semanas sin finalizar. Mi jefe, ocioso y tacaño, sólo llegaba para ver el número de cuentas y la cantidad que cada cuenta le iba a dejar en su bolsillo. La secretaria, María, después de asegurar el dinero, regresó a su celular. Le gustaba viajar a su lugar favorito-chismelandia. Bueno, eso era con tal que el tema estuviese picante. Sus risas me sonaban como un lavadero de platos intrincado. Vale poco compararlo a lo original.

Me senté y, sin pensarlo más, empecé mi baile con el lápiz y el papel. Edifiqué, detallé y después oí el timbre para anunciar el almuerzo. Salí en mi coche 1974 Ford Pinto con pintura de mojo y rines negros. Fui a comer a una taquería y la misma comunicación de la mañana se llevó acabo con la que me atendió. Me llegó un pensamiento; "Me la paso más tiempo en incomunicación. ¿Sería mejor lo opuesto? ¿Cuál es mejor? No lo sé."

Regresé al trabajo y las próximos cuatro horas se mi hicieron un infierno. María se afilaba las uñas y me hacía comentarios de los novios que habían burlado con ella. Le dije que tenía que buscar un hombre calmado, o sea, serio y centrado. Me contestó, "¡Ay no, qué aburrido!" Con esa contestación, no tuve más que decirle.

También, un compañero a mi izquierda, Manuel, quien se la vivía en mentiras, era también un papagayo. A todos les contaba una historia triste para sacarles una lana. Para sacarles dinero, decía que como seguro salía el sol, así tendrían su dinero. Y tenía sus mañas para no pagara sus deudas. En un tiempo, me llegó a deber tres mil dólares para un viaje que tuvo que hacer porque su abuelita estaba agonizando. Si subiese lo que haría con tal de no pagarme, le hubiera ver pensado dos veces antes de prestarle plata. Tanto debía que su patología incrementaba cada día.

Una tarde al salir del trabajo se me acercaron tres malhechores con caras cubiertas. Me dieron una paliza tal que duré dos semanas en el hospital; cuando los malhechores se despedían oía que uno mencionaba el nombre de Manuel. Tres días después, me vino a visitar Manuel al hospital. Sólo me preguntó el parecer de los que me golpearon.

Como dije, después del almuerzo regresé al trabajo. Terminé esas cuatro horas que se me hicieron pésimas. Me puse mi gorrillo. Antes de cerrar la puerta, miré el papelero que me esperaba mañana. Me subí al coche y fui al próximo trabajo que era limpiando el piso en un mercado.

"Una noche en Cuba"

Todo esto sucedió en una noche en Cuba. Rodeamos el lugar oriente de la luna corporal del Caribe. Llegamos por la noche en un barco clandestino que llevaba la bandera mexicana. El barco era de esos que usaron los cubanos para huir a México.

Unos soldados nos dieron la bienvenida. Uno de ellos, un güero, gordo y feo me dirigía al guiarnos en nuestro intento de desbordar. Se tomó la libertad de llamarnos, "gusanos sarnosos" durante este proceso. Tenía una risa poco agradable.

Desbordamos a las 22 horas en tiempo cubano. Nos miraron los papeles que traíamos para demostrar, ya que la agencia mexicana les avisó que veníamos. El gordo cubano saludó a mí y a mi compañero, El Yu, con un fuerte abrazo y una risa que no sabía uno si era sincera o no. Nos introdujimos y noté que entre los tres soldados cubanos quienes nos rodeaban, cada otra palabra que les salía de la boca terminaba con la palabra "coño". "¿Será una costumbre cubana?" me pregunté en mi pensar. Nos dirigieron los soldados a un carro militar color verde. La noche estaba alegre y húmeda. Era el mes de diciembre y el tiempo era alegre con lluvia o sin lluvia ya que es la estación del invierno.

Los soldados nos informaron que estábamos en la zona de Santiago de Cuba y que nos dejarían en un pueblo donde llegaba un camión donde nos llevaría a La Habana que era la meta del viaje. Durante esta jornada, iba cayado mi compañero mexicano, El Yu.

Yu era un mexicano que procedía de Acapulco, Guerrero. Lo conocí en uno de mis viajes a esa región. El Yu tenia veintitrés años pero su apariencia descarnada lo hacían parecer diez años más viejo. Sus ojos contaban la historia de una vida llena de vicios por medio de su ignorancia no tanto de su naturaleza. Yeculario Ufelio de Uchitl era su nombre de pila. De tanto que se esforzó su madre para buscarle un nombre de distinción, no triunfó en su intento. El Yu, cuando no mostraba su lado malvado, era el payaso más payaso. En un segundo pudiese estar leyendo versos de la biblia y momentos después estar apostando dinero en pelea de gallos utilizando con cada otra oración la palabra "chingao!" Era cosa tan similar como la de los argentinos en su uso del "che".

Como dije, al Yu lo conocí en Acapulco unos años atrás. En ese entonces él trabajaba como taxista. Yo estaba en mis vacaciones de los EE.UU. y caminaba por el medio día hacia la región del Puerto Márquez buscando un restaurante que sirviera un buen pozole ya que era jueves. Los jueves se acostumbra el pozole, o bueno, así me habían contado los trabajadores en el hotel donde estaba hospedado al recién llegar. De pronto, me pegó una mosca en el ojo en un momento absurdo. Con una mano curaba mi herida óptica y con la otra hacía guerra con la mosca, si es que estaba ahí todavía. Eso fue cuando El Yu pasaba y paró ya que pensó que estaba señalando un taxi. Paró con su taxi azul oscuro y blanco. Bajó la ventana y dijo, "Taxi, amigo."

Después que le dije que buscaba un buen pozole, me aseguró , "Ah, no se preocupe. Yo lo llevo a La Lomita, el lugar donde vamos nosotros los nativos." Como La Lomita no habría sus puertas hasta que se anunciaba el crepúsculo, le pagué pa' que me llevara a conocer a La Quebrada y Caleta. Por la tarde, fuimos a conocer a La Lomita y me introdujo a unas preciosas mujeres quienes eran amistades de él desde la prepa. Y, bueno, ahí comenzó nuestra amistad.

¿Y yo? Yo soy la personificación de la marioneta ideal, siempre intentando ser muy astuto. Pero con el tiempo, me di cuenta que era un ser muy simple. Me di cuenta cuando después de repetir las mismas clases básicas de español y matemáticas, arte, ciencia, inglés, etc…

El director de la prepa donde asistía me dijo un día, "Casimiro, tu talento está en tu simplicidad. Sabes, había un dios de los maya llamado 'Casi'. Era el dios de verdades. En tu nombre miro "Casi," se rió.

Yo me quedé asombrado que tenia nombre especial y culto sin saberlo, y pues lo acompañé en el festejo. "Tú eres el muchacho más simple que jamás he conocido," declaró el director. Me recuerdo que inmediatamente me llené de auto-confianza y le di las gracias. Vio mis calificaciones de los años anteriores y mi consejera entró para dejarle unos papeles que alcancé a ver que llevaban mi nombre. Después de unos minutos estudiando el papelero, me contó el director que en vez de un diploma al fin del año escolar, ya que estaba en el último ano, él personalmente me iba a asignar una carta de "Intento Académico". "No sólo eso," explicó, "también te daré una carta de recomendación para trabajar en restaurantes si quieres."

Su carta, ese verano, me dejó conseguir mi primer trabajo urbano. Digo trabajo urbano porque ya conocía muy bien los files del campo. Mi madre me había introducido a los campos de la fresa, calabaza y tomatillo desde que pude razonar.

Como decía, mi estimado director fue esencial en que yo pudiese adquirir empleo en la ciudad. El restaurante era un restaurante japonés que se llamaba "Bakachi". Me ofrecieron empleo en la posición de "teniente de platos y toda el área". Ocupé ese puesto por diez años en los cuales sólo fallé dos días. Uno de esos días fue por la muerte de mi jefita quien murió en un accidente automovilístico. En realidad me sentía mal estando en el velorio sabiendo que les había quedado mal a mis patrones. Me dijeron que me descontarían dos días de trabajo al regresar y yo les agradecí y les di las gracias.

Mis patrones me despidieron de repente un lunes después de entrenar a un voluntario apenas salido de la prepa. "Nosotros le hemos ofrecido tu posición al quien entrenaste y aceptó. De veras nos duele mucho despedirte pero con tu talento vas a poder conseguir empleo donde quieras." Me esforcé a no enseñar sorpresa o desdén y les ayudé en su argumento agregando que tenían toda la razón.

Incluso, yo les iba a decir que me habían ofrecido

empleo un sin fin de mercados y restaurantes, cosa que era de lo más falso.

"Cas, me estoy arrepintiendo de haberte acompañado a esta isla en medio de puros tiburones. Si estuviese en Acapulco, ni te imaginas broder," me declaró El Yu quien siempre pensaba en voz alta. "Ahorita estuviera llevando una de mis chavas en una lunada sobre el Acarey y después a contar las estrellas sobre la Playa La Langosta.

"Güey, si me recuerdo bien, tú te ofreciste venir conmigo. ¿Recuerdas cuando estábamos de paranda esa noche que fuimos con unas chavas a La Roqueta? ¿Recuerdas que de tanto que te pasaste tuve que cariarte a tu casa?" le interrogué al Yu.

"Por qué estamos aquí? Recuérdame otra vez, por favor," me preguntó El Yu.

"Venimos para buscar a mi dulce Lorena. La conocí ocho años atrás en un baile. Yo tenía veinte años y ella dieciocho. Ella me invitó a bailar cuando sólo faltaban dos canciones para que terminara la pachanga. Y, bueno, hice mi intento a mover a cualquier rítmico. Ella se reía y bailamos a unas canciones que ella pidió como "Guantanamera" y "Juana la cubana". Ella movía su ser de una forma mágica y hechicera, eso sí que quedó grabado en los imágenes más sobresalientes de mi juventud.

Bueno, fuimos novios por cuatro meses, episodio más feliz de mi existencia. Yo la atraía demasiado ya que siempre se encontraba llamándome para poder venir a verme. Siempre estaba sin dinero y cuando se despedía, me pedía prestado dinero que jamás volvería a ver pero esa fue su esencia.

Yo con gusto le daba todo el dinero que yo tenía en mi persona con tal que ella hablara tan sólo unas dos palabras y me diera una risa que me hacía sentir que mi sangre tenía un propósito para latir. Ella era muy sensible, uno de los más grandes pecados y enfermedades, decían los señores que rodeaban un café donde se reunían los trabajadores del campo cuando no querían pasar sus tardes hundidos en la bebida.

Ella me hablaba cuando concedía que la visitara. Ella me hablaba de cosas de amores y yo me reía, "Que locuras de sólo soñar. "Los sueños," le dije, "son películas que nos presenta Dios para entretenernos, sólo para entretenernos." Al decirle, ella se sonreía y me aventaba una rama de árbol. Una noche insignificante, me dejó saber que se iba pa' tras a Cuba, su tierra natal, porque tenía la mente intrincada y problemas.

"Deja que te ayude."

"No."

"Pero como novios tenemos que estar juntos en las buenas y malas," le aseguré.

"¿Como novios?" dijo de una forma sorprendida.

"Bueno, sí necesito dinero porque tendré que viajar bastante para llegar a mi tierra."

"Yo fui a mi banco, y saqué todo lo que tenía y se lo di."

Me dio un abrazo y sus ojos se abrieron. De veras que eres un gran hombre.

"Te daría esto y mucho más mi bella Lorena."

Sus ojos se alumbraron y por primera vez me dio

un beso en la boca, el cual me dejó en las nubes.

Lorena se fue el próximo día y nunca volví oír de ella, eso es, hasta apenas un mes cuando recibí una carta al domicilio a la señora que le rentaba un cuarto en ese entonces.

La señora Raquel me hizo el favor de llevármela al lugar donde yo trabajaba. En una ciudad chica, uno se encontrará con todos que moran ahí. La carta tenía besos de labial rojo pintados por toda la carta. En su carta, me decía que yo era su gran amor. Dijo que tenía que verme de nuevo y que quería que yo viniera por ella. Me explicó que el gobierno no dejaba que cubanos salieran si no estaban patrocinados por un prometido con quien se esperaba matrimonio.

Y bueno, Yu, aquí estamos. En poco tiempo, llegaré a encontrarme con mi bella muchacha, a la quien le da propósito a mi vida y la quien prometió casarse ahí en La Habana el día siguiente de llegar. Yo sabía que nos reiríamos Yu.

Al llegar a La Habana, le di un dinero y un número al chofer del camión para que con celular llamara a la casa de Lorena. Timbró el teléfono y contestó un señor, y cuando me introduje me dijo que era el hermano de Lorena y me preguntó donde estaba.

"Estoy enseguida del "Vedado" sobre la calle que va hacia el malecón," le informé.

"Ya vamos para levantarlos," me aseguró.

En diez minutos llegó un carro Volkswagen blanco y decaído. Salieron dos hombres gordos fumando cigarro. Muy amablemente nos saludaron y se introdujeron como los hermanos de Lorena. El conductor se llamaba Martín y el otro se llamaba Jesús. La realidad es que no tenían mucho de parecido, pero en todo Latino América hay hermanos con diferentes padres. Subieron nuestras maletas y empezamos en ruta.

"Y Lorena," le pregunté.

"Está en casa, le dio vergüenza acompañarnos. Ya conoces a las mujeres vanidosas. Se estaba poniéndose bella para mi futuro cuñado," me aseguró Martín. Su hermano Jesús era muy callado y no era platicador.

"Viajamos hacia unas calles oscuras y después hacia lo que parecía lo más marginado de la ciudad.

"¿Queda más lejos?

"No, ya llegamos. Aquí llegamos."

"Pero, es campo y la ultima casa de la ciudad esta atrás de nosotros," le explique un poco confundido.

"Su amigo puede acompañar a mi hermano Jesús a llevar las maletas al fondo, ya que la casa está a media cuadra y se prohíbe estacionarse allá donde la casa se encuentra. Leyes del gobierno tu sabe," me informó.

El Yu se ofreció llevando mi maleta y se fueron platicando él y Jesús, Jesús riéndose y haciendo señas hacia la ciudad. Se desaparecieron entre la oscuridad. Regresaron cinco minutos después con otros hombres.

El Yu le preguntó a Jesús, "Y Lorena ¿por qué no salió a recibirnos?

"Señor Yu cómo le podre decir? Para ser franco,

a Lorena ni la conocemos. Ella falleció hace cinco años y entre unos papeleros que estaba tirando la familia en su velorio, nos enteramos de su estancia en México y bueno la tentación de poder salir fue muy grande.

En ese instante se vio El Yu empezar a correr con una muchedumbre de hombres siguiéndolo. Yo, estando ahí viendo de lejos todo, no entendí el razonamiento del Yu y sus acciones.

El Yu paró y volteó a defender su honor. En ese instante, lo alcanzó la muchedumbre y le dieron la eterna paz con cuchillos, guadañas, y machetes.

Corrí hacia donde la masacre se estaba cometiendo, cuando me detuvo Jesús y pa' ese entonces ya habían cuatro hombres rodeándome.

Martín me dirigió que caminara hacia la colina que se encontraba a cincuenta metros por delante, que en muy poco tiempo me encontraría con mi amada. Cerré los ojos, volteé hacia la colina, y empecé a caminar, mis deseos y afán haciendo que casi se saliera mi corazón de mi ser. En ese instante, vi una tremenda luz, la luz de eternidad y vi todos los imágenes que jamás habían concebido mi mente. Me sentí volar entre los cielos y ver a toda la oscuridad y luz enlazados. Por fin se presentó Lorena quien tenía un radiante vestido blanco y sonrisa de ángel. Por fin, había llegado a mi destinación y la reunión sí logró ser para siempre.

Sobre el autor

Rudy Calderón fue nacido en Los Ángeles en 1974. Recibió su licenciatura en Cal State University Bakersfield. Obtuvo su maestría en pedagogía de Chapman University. Donde también recibió su credencial para enseñar en escuelas públicas. Calderón ha sido profesor de español e historia. Hoy en día, es profesor de inglés en la secundaria. Además, ha sido invitado por el actor y activista social, Edward James Olmos, a leer de sus obras en el 8th Annual Latino and Family Book Festival en el 2004. Incluso, ha sido el Featured Poet en el Poetry Festival de San Luis Obispo, CA. Calderón es el autor de los siguientes libros: I Wonder If You Will Ponder? A Collection of Poems (2003), Existential Fighting through my writings (2004), Mi Familia Mexicana Versos Sinceros (2005), Letters to the Wind: A Transcendental Spirit (2005), y Canto Ubicuo (2006), Sangre del Sol Blood of the Sun (2006), gritos en el monte (2007), Borrad la fecha de existencia Erase the Date of Existence (2007), y Destierro en Acapulco (2008). Para oredenar más información o para ordenar libros, favor de visitar los siguientes sitios de internet – www.uni-vurs.com o www.authorhouse.com.